Je prends ma pelle et mon râteau,
mon gros ballon
et mon petit seau,

et mon canard,
qui flotte sur l'eau.

Je veux mon gros camion,
et aussi mes petites voitures.

Et beaucoup de moules
pour faire des pâtés.

Maman Ours lui dit :
– Tu es beaucoup trop chargé.

Petit Ours Brun
laisse un tout petit moule
et s'en va fièrement
avec son chargement.